BIRDS WORD SEARCH

50 PUZZLES WITH SOLUTIONS

Name:..

Email:...

Phone:...

Puzzle 1

```
X  C  J  C  O  R  C  T  J  D  N  R  M  S  I  E
K  K  A  V  A  R  H  H  H  T  Z  I  U  K  S  A
L  B  Z  F  V  V  I  O  V  F  A  C  M  Q  E  S
V  G  R  U  M  U  C  O  M  I  B  W  F  C  M  T
M  H  A  N  Z  O  K  C  L  E  Y  T  P  R  I  E
G  S  J  Y  R  V  E  R  M  E  R  H  P  G  P  R
I  X  J  Z  U  P  N  M  L  H  E  A  I  G  L  N
A  T  O  S  G  Y  N  T  X  U  I  D  N  V  U  B
R  Y  E  C  T  B  S  E  A  Z  R  I  T  G  M  L
K  O  C  R  M  I  J  K  X  O  W  U  A  O  E  U
Y  B  S  U  R  K  B  V  J  T  T  W  I  D  A  E
T  W  A  B  X  N  W  A  V  J  E  E  L  I  V  B
U  P  C  J  S  C  M  O  J  E  I  E  Y  Z  T  I
P  K  Q  A  D  K  Z  E  A  A  G  N  N  F  Z  R
N  O  O  Y  Q  J  P  F  Y  V  Y  C  R  E  M  D
Z  R  O  X  A  D  X  M  E  G  T  E  D  U  U  I
```

**ORIOLE / SEMIPLUME / MAJOR DIGIT /
HOME RANGE / BRISTLE / WING /
EASTERN BLUEBIRD / SCRUB JAY /
CHICKEN / PINTAIL**

Puzzle 2

```
I  O  D  U  M  B  R  E  L  L  A  B  I  R  D  C
R  G  M  B  O  X  Q  M  I  G  R  A  T  I  O  N
R  J  W  B  Z  P  I  P  L  D  E  F  N  W  Z  W
G  U  S  C  V  E  E  E  H  M  R  H  M  P  J  V
M  Z  G  A  A  L  A  R  T  R  A  C  T  W  V  O
U  Z  H  V  V  V  V  O  C  O  B  S  L  O  G  W
W  O  K  G  T  I  F  R  R  U  P  P  J  Z  P  R
E  Z  N  A  D  T  I  P  M  U  L  K  G  A  I  L
X  Q  O  B  N  A  C  E  Z  P  L  U  W  U  C  C
M  I  C  I  N  T  E  N  S  I  T  Y  M  K  A  S
M  W  T  G  E  J  B  G  F  K  L  Y  K  C  L  D
D  S  F  L  X  I  A  U  B  N  I  W  Q  B  L  T
D  S  X  Q  Z  J  K  I  S  U  D  B  H  N  S  P
I  A  F  R  I  C  A  N  P  E  N  G  U  I  N  Q
P  E  O  N  H  T  O  R  P  A  B  J  E  D  Z  Q
D  Q  Y  M  N  U  B  L  A  C  K  S  W  A  N  Z
```

ALAR TRACT / BLACK SWAN / INTENSITY / EMPEROR PENGUIN / STINT / OPERCULUM / MIGRATION / UMBRELLABIRD / CALLS / AFRICAN PENGUIN

Puzzle 3

```
N H R N A P E C Z I M A A J Q B
Z S B E M N B W C M N H O V S T
M Q M C E H J K H O K A C L C T
N A G J R M V W I E T T G B R L
K T R C I C Z T C B Y C P R U P
X Q I W C A A K K S Q H Z F R Y
O Z O E A U H R A B K I R S A R
Z M L F N D B I D I P N H K L I
E V B E F A X C E R Q G B Q T L
D N T T L L B D E D W S L E R N
V T I R A T H X A C P U L E A C
A U B C M R J O X A T C S X C Q
B R P U I A G O D G F C L I T I
Q E C L N C B Q W E Y E B I Q L
Y V J A G T C O M M I S S U R E
D S O N O G R A M E D S J E O N
```

**NAPE / CRURAL TRACT / CHICKADEE /
BIRDCAGE / AMERICAN FLAMINGO /
COMMISSURE / CAUDAL TRACT /
ATTENUATION / SONOGRAM /
HATCHING SUCCESS**

Puzzle 4

```
F L E D G I N G S U C C E S S Q
P R E A L T E R N A T E M O L T
Y Q S K V G L E L Z K R H L L U
C O D B P I Y O T U M I A A M E
J J P T J S U V I S R H L E R O
V F B O T O G F H U S E L N P S
K X X T Y M F G U C K E U A Y R
P T W I L T Y T C I I R X B X C
V W O P R K W C C T L L V T U L
I A D A R T P P A P N Y H L P W
P B G L H W B K K J J G L Z D V
O E I M E B C S Y M L C F A H H
M G C A N O P Y J P J Z H G M J
F Y R T C K L C Y U S R P U A K
F X O E M F C L N V F O T Y D A
A M E R I C A N F L A M I N G O
```

**CANOPY / AMERICAN FLAMINGO /
FLEDGING SUCCESS / HEN /
TOTIPALMATE / EMU / HALLUX /
COCKATIELFLY**

Puzzle 5

```
T  K  Z  G  Q  M  Y  C  C  Y  M  I  W  W  K  C
U  P  J  B  U  D  G  E  R  I  G  A  R  A  T  P
N  Z  S  I  O  A  H  I  Z  M  M  R  C  T  Y  H
C  A  P  R  R  O  I  Q  D  M  M  C  I  O  B  S
P  O  O  D  H  X  T  C  G  A  H  T  P  N  M  A
S  Y  T  W  E  X  A  E  F  L  J  I  E  A  Z  P
Q  W  T  A  N  B  U  W  D  L  S  C  T  L  D  M
X  R  E  T  R  X  X  K  T  A  J  T  F  Q  S  F
W  P  D  C  R  E  E  P  E  R  X  E  O  U  D  W
T  I  O  H  K  T  I  J  L  D  B  R  S  A  B  F
D  S  W  I  F  T  G  N  N  D  L  N  A  L  D  B
H  G  L  N  A  P  L  Z  Y  U  G  K  T  I  G  P
M  Q  Z  G  Z  L  T  T  P  C  I  F  W  T  E  J
N  G  Z  F  R  L  P  U  N  K  W  Q  T  Y  S  Z
T  J  C  B  H  M  L  T  M  H  N  C  S  G  N  S
B  J  V  F  X  T  Y  B  T  I  Q  V  Z  T  I  G
```

**TONAL QUALITY / SPOTTED OWL /
BUDGERIGAR / 0 / SWIFT / MALLARD
DUCK / CREEPER / BIRD WATCHING /
BOOTED / ARCTIC TERN**

Puzzle 6

```
Q M A I K K V C I F X X C A Q O
F E T F Z J L B S D Z O A Z O U
O K L O D J L G C M M L S J Q Q
F Z K D I F A L B A T R O S S R
L G A Z Q G L H B N N J Q D J R
O C L V S M S N R I Y O S S B N
U O Q V G P W O T Z F N P D S F
V F K C C F H R G Y Y R X Y Z H
Q S Z X H G A O H A H O S R S K
L N K N E M N P J S I O H D W N
R M C L W Q M E V P D R C A R O
P X X C X G U N W D M E H M Z P
R S S G I L I D R E D B I M U L
Q V T D B O B O L I N K C N B T
Y U Q P Q L I L L Z B N K A D G
Z A M E R I C A N R O B I N U C
```

HAWK / CHICK / CANOPY / LEGHORN / MARTIN / AMERICAN ROBIN / BLUE JAY / OROPENDOLA / BOBOLINK / ALBATROSS

Puzzle 7

G H U Z W S C S B T P A Y I A F
D U J M O T O E S N E L T K W O
P A U M Q C F I G N Z J F C S E
L C V A I F Z Q M P U O E R C B
L R E L G G J I F F Z Z H F U X
W H N A M E R N L M N C C G U T
J Y I R V L B A C K T M L D G U
V T L R Z X X N T F H L U A E T
Q H E E A H D O V E R J Q F Q N
J P P G A V P O S V A G D O U U
R Q L I B L E A T C S F Q O Y I
R H U O F P R N Z R H T R N B W
F N M N S H L G S A E I K I C H
B X A A P F N D O N R V C O E Z
R R G E S I U A P E C O Q K M Y
O D E X Q F A U H M R H T H A C

**DOVE / MALAR REGION / JUVENILE
PLUMAGE / CRANE / THRASHER /
BACK / PHRASE / CHICK / RAVEN /
MIGRATE**

Puzzle 8

```
Q N M L F G R Q M S A D O M D P
H G E I L D D Y S F D D W B A S
H K R V P Q R L Q Y D E S I C V
P A D A S D W N F Z N W C T R E
X B L R S O N P U O O F A T B C
U Q T K P S N I I R Z W R E L Y
I B D I H O L G R X O C L R Q Y
X I N J I J E A B D O M E N X C
C W S B C R P I N I F V T P N U
N J O S R S W W Y D R D M K Z R
G D L A E E X H F A H D A Z C U
I C L E P B U L L F I N C H Z B
Z U R B S H A H C P J Q A R N K
G T F M C L Q C A S S O W A R Y
P Q Y L Y P O G V L P F Q G W W
D I H J F V I O N Q O N X T Q R
```

OWL / SCARLET MACAW / SONGBIRD / GULAR REGION / ABDOMEN / BITTERN / CASSOWARY / TREE SPARROW / GRASSLAND / BULLFINCH

Puzzle 9

```
Q K H Y F O X R L L V F E Z L D
V E I Y W U H M G O N Y F M E K
Z X E G O L J L S U B S O N G F
W A J D K W O J L T P U F U B L
N V C U S Q A Y M Z K H L T G A
G U E P K U X B W C L A D C D M
B J A D M L W J E Y H K K R J I
D T T S K X O K W Z Q I I A H N
P G E F L Z H Z R D K B C C P G
Z T I P O X L B C X A G H K W O
L A V R N C N E H E A R H E E C
S T N G G R J S X Z S T R Y N
E A K D S M L M I Y T J K E E G
J D I S P E R S I O N O X T R U
J J S R U Q V K F U K O J I D N
W U G Y R A Z O R B I L L B T U
```

CHICKEN / NUTCRACKER / DISPERSION / SEABIRD / FLAMINGO / RAZORBILL / KAKAPO / DARTER / LONGSPUR / SUBSONG

Puzzle 10

H W G R X G T S W E D N Z P E F
Z K P E A C O C K R T P W Y B O
S J K L M C L U T C H I K O J B
N M S C B X C T J S Z T Z J Y M
R O L V N F A E J F U R Y N V H
K V S Z A L U L A R Q U I L L S
Q O R T P I H L B I T T E R N E
I P V N T G M A F G N C V S Z R
M Z U U E H Z T T A V S A D S R
A D N C R T U E Z T W G H U J A
V H T J I L G B V E Z A O O D T
S W G N U E I O I B P B T G R E
U N N A M S H O E I B T T M J E
V B I E F S F T K R N D T V M A
A E W A T L K E U D N N P I T S
C B T F H B U D W V X J D D E O

**CLUTCH / FRIGATEBIRD /
SCUTELLATE-BOOTED / FLIGHTLESS /
APTERIUM / BITTERN / SERRATE /
ALULAR QUILLS / INSHORE /
PEACOCK**

Puzzle 11

```
V P R C Q H R W I H H I V B R Y
A S X A R O A D R U N N E R B D
H L O R E T I G I R E D W I N G
E B S D D Y N F E P C H L M M V
C S G I H S C P H Q M S D O L N
Y O Y N O I I V V F C R G D L H
C P D A O P K U B S I T U U G M
E Q E L D V L E L B S T Q L S O
T J P N E X U G G C J F K A U Q
Q O A S D M O N T Y R H M T K I
D S A K D A I Q N R R K B I J A
F E Y M U K R X G U V O F O X L
A F R I C A N P E N G U I N Y D
Z R A O K G H Z H T U W C S R S
D F M F E A T H E R C O A T O E
S H J V M A K G P M O U M O R K
```

**CARDINAL / MODULATION /
SANDPIPER / AFRICAN PENGUIN /
FEATHER COAT / REDWING /
ROADRUNNER / LORE / RED HOODED
DUCK / MOCKINGBIRD**

Puzzle 12

```
K  F  H  K  I  Q  R  B  X  F  G  J  C  K  S  O
J  J  I  E  T  B  I  X  N  K  I  H  R  D  P  Y
F  H  B  B  T  J  N  C  I  J  S  I  O  X  A  D
P  L  M  S  M  E  V  U  M  L  F  A  S  M  R  O
U  S  S  P  E  Z  R  I  E  A  X  D  S  I  S  R
F  R  L  T  T  W  D  O  R  G  W  W  B  I  E  S
F  Z  B  Q  A  A  W  L  D  E  U  W  I  W  V  A
L  U  X  I  N  U  R  S  T  A  O  L  L  E  E  L
U  G  J  R  R  I  C  M  E  C  C  J  L  U  G  T
E  R  Y  A  S  D  E  F  I  N  I  T  I  V  E  R
V  J  Y  P  C  Z  B  V  U  G  W  G  Y  H  T  A
O  J  C  J  I  N  X  G  Z  Q  A  U  E  L  A  C
O  F  B  P  W  W  E  N  W  S  Y  N  O  P  T  T
F  P  U  D  Y  L  M  L  A  O  U  H  K  V  I  E
B  T  S  F  O  U  A  X  Y  L  Z  Y  R  S  O  L
V  L  O  U  D  Y  C  D  B  E  H  S  O  Q  N  G
```

**SPARSE VEGETATION /
HETERODACTYL / DORSAL TRACT /
CROSSBILLCOWBIRD / DEFINITIVE /
GULL / BIRD / VIREO / PTARMIGAN**

Puzzle 13

D M Q Q G N V I V S A F S T G F
L B F B L M U W X N V J Z B K X
L S E N U Z D K S J U X L W G J
W O I D J S N R S U T S R M J U
I C T A P S K L X U I C R W K A
H L M K M S A G O T F N V G A G
K S G Z Z E P I C G U E D R W G
O K K Z H V S J S L B G Z A Z B
C O A R U B X O K F U N B Y B D
S H B Y B R I G P W N Z Z P J G
U N A Q N Z M H A T T Y N A U R
B V O C A L I Z A T I O N R L A
S H T Q T C U L M E N L N R I C
H H O H U J O Q S E G E E O C K
O R A O P A M P R O D A C T Y L
W T R N O T C W T U L O B A T E

**MESOPTILE / WREN / BUNTING /
VOCALIZATION / CULMEN / RHEA
/ GRAY PARROT / LOBATE /
PAMPRODACTYL / GRACKLE**

Puzzle 14

```
L R G V B M P S Y K G T C D W V
A L M F M W L I S T O R K P D C
H P B T B A N Q P H O Z X B N A
I L B Z S E H P O I S E R Y Q N
K U Y Z F X D A T I E R R T K A
H M V Q X W D U T E Z U M D K D
F A T S E S G Z E Q D D R B O A
L G R K V X S L D W Q I P Q X G
O E J P S F T J O M Z W X U V O
P C Z Y Y N D L W V P K S E C O
H Y S G A E Z W L H R K J T B S
B C Q M N B A Q W D V Z B Z Q E
E L D Y G T G G Z L G J B A D L
X E G O H E P N L L N Y D L X U
H H O W J G I A P E I C Y D L G
P I F L I G H T G E Z A Y E P U
```

FLIGHT / STORK / MANTLE / PLUMAGE CYCLE / CANADA GOOSE / GOOSE / QUETZAL / HARPY EAGLE / PYGMY OWL / SPOTTED OWL

Puzzle 15

```
H U D X Z P Y G P O R L C O L M
U N V S O U U F W Z H D X O N K
G A Y P O E O K K S F T G O L D
V T C D G H F M A X A Z H V I B
R I N G B I L L E D G U L L B H
F B N A T A L D O W N Q V X P Z
L H V P A R R O T P A Z H O D H
E M K A D U D W Y V L P R D O C
P J D L U S K N Z J O J M A V M
D V A M L J W F Z O Y T K D N E
P R D A T H G E T F F G M L J S
M M L T H Z G A N D E R X F Q H
I Z G E I Y K T M O P S K D Y B
F O B V K C C H C H U O A S L H
X K S Z O V F E M G V P K U J U
Q P O C B H K R R G X G D V C J
```

**AUK / PALMATE / RING-BILLED
GULL / GANDER / LEKADULT /
DOWN FEATHER / PARROT / NATAL
DOWN / COCKATOO**

Puzzle 16

```
J  H  C  J  E  J  W  Q  F  I  M  Y  B  E  U  Y
V  E  W  V  L  I  S  T  D  J  C  G  N  S  A  J
I  V  R  A  Z  A  P  A  K  D  M  X  O  L  P  C
F  R  X  R  B  N  Z  N  Y  S  R  T  N  A  P  S
Z  A  B  C  D  P  W  A  Z  Q  H  B  V  E  U  E
I  L  A  J  X  A  T  G  P  X  S  R  O  O  K  M
E  O  R  N  J  J  P  E  L  A  G  I  C  R  D  I
Z  H  Z  K  P  J  B  R  K  U  D  V  A  S  D  A
O  J  W  N  G  E  O  Y  I  R  T  J  L  T  H  L
A  C  H  W  N  M  C  N  A  P  T  N  S  A  H  T
T  F  J  S  B  Z  Z  Z  D  H  E  B  O  L  J  R
I  I  B  K  I  V  Z  L  G  U  G  M  U  O  R  I
K  N  B  E  W  I  H  I  T  E  N  A  N  C  C  C
H  X  M  M  G  O  N  Y  S  Y  I  Q  D  O  G  I
O  S  Z  O  L  C  T  S  E  S  B  F  S  N  Y  A
E  Z  U  D  V  L  W  S  Y  N  D  A  C  T  Y  L
```

**ROOK / MOA / TANAGER / NIGHTJAR /
SYNDACTYL / PELAGIC / GONYS /
GIZZARD / SEMI-ALTRICIAL /
NONVOCAL SOUNDS**

Puzzle 17

```
M U U A G B Y A V I F A U N A S
S X E H Y Z C K W T U R L B X F
U R O O R L T O B J J C V K C C
K J H A F N I I D Z V H P I C H
W H K U A B F F P R D A G L O Q
P E D R L L O U M O A E H L V J
N E L O C A N A D A G O O S E P
X R N S O C H I N T Z P D M R S
U Y P G N K R Q F M L T H D T V
K I F Q U B P A E J A E D H S Z
K X X J R I P S K A K R M M N S
K X P F V R N J N E I Y V E G R
A F K H C D N J Y B V X M I X B
G Z P U L W Q J T W Q U T A Z N
R U D F Q F I A L F L Y X D O S
F C Z N Y W C T T K I P I E P P
```

**GYRFALCON / CHIN / CRAKE /
PENGUIN / AVIFAUNA / CANADA
GOOSE / CATBIRD /
ARCHAEOPTERYX / BLACKBIRD /
COVERTS**

Puzzle 18

```
X  J  K  B  A  O  F  J  D  X  Z  K  P  H  O  Q
N  B  A  Q  Q  Q  H  N  S  D  W  P  B  B  G  L
T  U  A  Q  A  N  P  D  T  S  P  P  Q  S  B  O
B  M  Q  S  A  R  E  S  W  S  K  I  M  I  Z  U
E  Q  W  R  I  Y  E  O  K  I  N  G  B  I  R  D
Z  O  E  H  W  C  E  E  S  T  P  E  S  L  W  N
U  C  K  A  X  B  P  O  F  S  A  O  C  D  E  E
X  C  E  J  W  G  L  L  M  Q  O  N  V  Y  H  S
C  I  U  K  Q  O  T  A  U  F  I  P  L  G  C  S
A  P  R  E  B  A  S  I  C  M  O  L  T  L  V  Q
B  U  H  B  P  L  V  O  V  K  A  A  C  I  A  Y
A  T  U  N  D  R  A  X  S  D  B  G  T  T  L  D
T  Z  Z  J  J  V  A  S  Q  W  B  I  E  W  S  E
N  F  F  F  L  Y  C  A  T  C  H  E  R  E  O  G
N  L  N  Z  K  O  O  V  E  L  T  D  J  D  G  I
B  Q  B  Y  S  U  K  D  Y  Y  Y  F  H  L  U  R
```

**TUNDRA / BLACKBIRD / BASIC
PLUMAGE / PREBASIC MOLT /
FLYCATCHER / NEOSSOPTILE /
PIGEON / KINGBIRD / LOUDNESS /
OCCIPUT**

Puzzle 19

```
Q E M V B W E Z O L L K T M G R
T S W H Y Y Y A B D O M E N I J
S P G I O E I L H E E Y Y L P Y
Y X M A Q C L U B P S Y B A L T
L C U S W C H L D L Q W L G D G
F D U N V C L A O U U Z V Y H F
H D I X S I H R W W H N X O S C
E F P A B O M D V K T M G Q O K
Z U J X L K N I G Y Q H Y M G V
L R V Z O E I G O X I O R O D Q
H F P Y H S C I E J W F M O T T
A X A P G Q G T V I U N Y L A R
V Y X B R B K G G G C A O J R T
Q U C M P L I F N L O M H T C Y
H D O W N Y W O O D P E C K E R
I H N G Y C J U D R U V F N T U
```

YELLOWTHROAT / DOWNY WOODPECKER / MOLT / HAWK / NOTE / ABDOMEN / SONG / BILL / DIALECT / ALULAR DIGIT

Puzzle 20

```
C R A P D A B W K Q A B C N B C
U C R U T D A Q T J W D B U R I
T A O F C Y C L E Y S U U O P H
N P K F C A F I T V F H D C T W
I I J U D C L Y Q R T A G G J H
O T Q C V D J T N N I M E D H I
K A O B P O B B A Y M C R C O P
P L K E K U H A R M O N I C S P
P T J P Y O N R D V N R G A K O
C R N S V O P N F W T I A F L O
K A P B V K P O S S B C R U U R
Z C F X K I U W O J X T O X P W
H T S N F L O L H D Y U Z J O I
Y A E S N O W B I R D S O O E L
J W L J A O E F D J A E R Q Z L
P D X N P Z B K Y V V P R Z J E
```

**BARN OWL / BUDGERIGAR / RICTUS /
CYCLE / ALTRICIAL / WHIP-POOR-WILL
/ CAPITAL TRACT / HARMONICS /
OSTRICH / SNOWBIRDS**

Puzzle 21

```
V M N G T Z Y G O D A C T Y L U
S U P E R C I L L A R Y B Z E R
S N J K M N R J W E J P T Y G C
M Q O H C J I O W N V O P C G O
F C E W I Z R G Z H F L E X C V
C G A W Y C G A H U N Y N T A X
Z R K F M O R J C T Y G Q C W G
P F W J U Q W E A R I Y Y O N M
P R E S U P P L E M E N T A L Z
D V R O O H S K B P M Y G B H I
H O C T V V O M S G E Z L A Q J
R A X M U O M K N S H R J V L U
N I B I R D O F P A R A D I S E
K V U N X O B G O H D S A T T D
K A E X H V O R P X V P G T X A
H E I L E Y S V P U I F R T K T
```

**CREEPER / BIRD OF PARADISE / CROW
/ POLYGYNY / SNOWY OWL /
ROOKERY / NIGHTINGALE /
ZYGODACTYL / SUPERCILLARY /
PRESUPPLEMENTAL**

Puzzle 22

```
E W V O J Q R B K A D W R N O M
Q F W W L J Z N B E D M A E H O
P O Z X Y P L Y R V S W T M B G
Z U Y T H T T R C E S T C P N F
I R Z E N E G W P K S C R I S I
K I B B C B R O C K P I G E O N
C E B O D E I A G F P N D R L W
J R V V M L L R G G I I L E K B
R A J H A B T L D S J O J S N A
E N R X X R F P R H N V X Z O T
L A P J B U P E A F O W L Q J U
H L Y I J S T U B K T U W Q G Z
V Y F E O N O P A S Y O S E S V
W S K J U K O Y A X T F I E O E
W I E O F U Y G S O P K F M G A
I S C U C K O O B I K E R X Y R
```

**KESTREL / PEAFOWL / ROCK PIGEON /
FOURIER ANALYSIS / CUCKOO / BLACK
SWAN / BIRDHOUSE / RESIDENT /
AVOCET / COUNTERSINGING**

Puzzle 23

A M Q R N K L C R O W N U N N A
C H K Y M O P O Q A N G B L K W
Y Q X U Z V A N J P U O N O S K
C K U V G F R T C S V L O J T Y
Y C H I X R A O O T Q D O C T T
X M R V R E K U R E K E H U W F
C M B F F Q E R M S V N T O I P
W Y L W X U E F O N A E S A N W
T R U M P E T E R S W A N E Z Q
Q I E N I N D A A L A G M Q E B
Y C B S A C V T N D S L B U V N
L E I A N Y V H T X U E E D R G
X X R O L D R E W C O K S Y E N
X W D S H E A R W A T E R D X S
X Z Z C D D F E N V I N W M M U
B E D O R L V M J C P G Q C Q R

**FREQUENCY / CONTOUR FEATHER /
CORMORANT / CULMEN / PARAKEET /
GOLDEN EAGLE / CROWN /
TRUMPETER SWAN / BLUEBIRD /
SHEARWATER**

Puzzle 24

```
I  P  P  D  Q  F  W  J  I  D  V  I  P  F  O  Q
H  H  C  S  Y  Y  Y  F  F  H  H  N  D  M  O  H
L  X  F  T  I  Y  C  O  E  L  L  A  D  P  X  C
I  Q  C  F  N  G  U  R  M  L  M  T  W  Y  B  O
M  M  A  C  R  O  G  E  O  G  R  A  P  H  I  C
F  G  Q  K  Q  H  W  H  R  W  M  L  T  I  R  K
B  X  F  B  P  O  G  E  A  H  D  P  F  D  D  A
S  E  J  A  H  W  T  A  L  U  A  H  J  A  W  T
B  K  M  L  L  A  N  D  T  S  O  I  U  D  A  I
G  D  E  D  Z  O  E  Z  R  X  S  L  N  E  T  E
J  R  U  E  T  A  W  I  A  O  X  O  N  W  C  L
A  V  I  A  N  D  S  H  C  Q  K  P  U  O  H  A
O  S  I  G  B  X  P  A  T  J  T  A  R  U  I  W
H  V  V  L  R  T  S  R  N  E  S  T  L  I  N  G
A  Q  J  E  A  X  Q  K  A  L  S  R  X  T  G  E
J  R  Y  L  A  Q  X  E  Z  M  P  Y  W  D  Q  O
```

CROW / FEMORAL TRACT / NATAL PHILOPATRY / MACROGEOGRAPHIC / AVIAN / COCKATIEL / BIRD WATCHING / BALD EAGLE / NESTLING / FOREHEAD

Puzzle 25

```
D K L U I Z R X B V V B L X L E
B H F I Z C P I G X T Y I T C O
I A E A C A O P Z R E D W I N G
S E L M V P Z V T G H T T G L O
L I Y D R I G Y E D I Q U A I L
U D O A E T M K Q Y Y V N M Q D
B K O O K A B U R R A I H M L F
C T N Z G L G Y V C Z E A R W I
H T P O R T E L X X U U W E E N
C C N E B R X T E U C S X D Y C
X O W Y P A T E M S D J A S T H
M Q V S C C X V T D O N Q H Y Q
J X O E Y T I E B I U T J W T T
D S I C R S U D J K L V V Z I O
J Q H P X T H K G N J Y H S Y A
G F E C P L S F K X N U H Y M C
```

**BALD EAGLE / CAPITAL TRACT /
OSPREY / REPERTOIRE / COVEY /
GOLDFINCH / KOOKABURRA /
COVERTS / MONOGAMY / QUAIL /**

Puzzle 26

```
M N J F L G G B U Q P L A G N U
Z G J C K N H A T T I T R U C X
Z Z R W V Q O C Q N J E B O Z M
H I G N L E H K I I C E E T Q W
R P M R T Q M J J R T D L P W S
G M T T G J B L K I G R S R Q I
U R W X U U V U H R J U J A X Z
O J Z P L N P W L B Q L Z K J U
G E F A A C B A Y T V A P I A H
N V A Y O O S C S Y K G D W L W
X R D G B R E E D I N G S I T E
B G D G E G R E A T E G R E T W
O Z P P Q C M J U K F X K O B M
T K S P A R R O W R N O M P C Q
U I I H I X S T T L U L Y V L I
D B T E A B G B H V F J W J T P
```

BOBWHITE / 0 / KIWI / JUNCO / GREAT EGRET / BREEDING SITE / DISPERSAL / SPARROW / CREST / BACK

Puzzle 27

```
H D Y F W U Y M S N E M Q A L D
H V H V H D S B A R T U M N R J
X V E S I L F L O I B G M I T S
X Z G W T T P X Q J A S B S W Y
M S G R E A T H O R N E D O W L
O H D P P J B D T I U L B D R Z
C Y U B E B C O H L F P U A B L
U C M D L X D C B W V V A C W C
W N P T I S A A L O U L W T I A
H V I H C W R R W U L O G Y V C
B W N B A X M E S G T I H L X K
F O G D N O F I B B U C N T T L
A D Y U G G M A G U R B H K A U
Q R U N P L U M A G E W T Q B C
W Q T T C L N M E B J P V X Y R
X L T G Q Q E O I Y N O N E Z C
```

**EGG DUMPING / BOBOLINK / VULTURE
/ GREAT HORNED OWL / ANISODACTYL
/ CHIN / BLUEBIRD / PLUMAGE /
WHITE PELICAN / CLUTCH**

Puzzle 28

K F N G Q F A R C T I C T E R N
H W S E J B K M Y R U T G R A I
S J N U Q O B I P G B R F A X D
Q C C Y X R U P E L Q Z D M Z G
Y H O U J E E F B Q I P G D N B
R I T Q R A O C X B U T A Z J N
U C B V W L C L T B W S U T F A
V K J D U A E K A R A P T D T T
Q A O G E E B W D H I P E C E N
Q D S G D N J F E A N C K N R K
U E G V Q X G K C A W U E Z N J
P E T D M P S H A O D N O S D N
F Q Z H Q U V B J I W T P G Y Q
F O K C E A Y A A U M X N W H F
S D S P K U J Z D H G L H S Z L
I K J P E A J F S Z G W I Y O M

**CHICKADEE / TERN / EGGJACKDAW /
NENE / RECTRICES / AMPLITUDE /
BOREAL / ARCTIC TERN / CURLEW**

Puzzle 29

```
K  B  B  M  W  E  J  P  T  V  M  W  E  S  Y  S
R  J  S  N  X  U  V  Y  Q  A  A  Y  A  P  J  T
F  J  E  P  M  Q  C  N  E  G  R  E  T  O  Z  M
L  H  M  H  Q  J  S  B  O  A  B  L  G  O  E  U
W  Q  I  S  Q  L  N  R  W  X  L  U  V  N  V  U
A  A  P  B  D  D  E  O  Y  D  E  C  I  B  E  L
Z  A  R  G  I  F  S  O  U  R  D  Y  F  I  F  C
G  G  E  L  C  S  T  D  J  E  M  U  W  L  O  X
P  Q  C  P  A  Y  S  A  S  H  U  S  E  L  R  K
G  D  O  C  I  N  U  K  T  O  R  E  A  J  D  X
K  N  C  N  F  T  C  Q  J  S  R  M  P  G  E  P
F  J  I  I  B  F  C  M  N  Y  E  U  O  U  W  C
T  A  A  J  V  Z  E  H  T  M  L  L  Z  E  D  K
V  B  L  Y  Z  S  S  B  E  B  E  O  H  B  K  M
Z  N  W  E  C  W  S  S  R  C  T  X  I  J  Q  Q
M  R  E  F  E  F  Q  K  L  O  Z  C  M  Q  U  O
```

NEST SUCCESS / PITCH / CASSOWARYBROOD / IBIS / SEMI-PRECOCIAL / DECIBEL / MARBLED MURRELET / EGRET / SPOONBILL

Puzzle 30

```
U  V  X  Z  M  A  C  V  F  W  T  E  E  E  C  Q
E  D  O  F  Z  N  L  C  R  Q  T  U  G  G  O  N
W  A  X  W  I  N  G  N  B  A  G  O  O  P  N  J
R  U  P  S  E  V  N  F  L  T  W  Z  H  U  T  Z
N  L  E  D  P  R  T  L  X  C  S  D  E  C  I  T
P  G  C  M  O  T  E  Y  I  I  E  O  V  Z  N  J
K  R  K  A  D  T  Z  D  F  J  U  R  M  L  E  G
Z  C  E  Y  U  R  A  X  V  R  R  L  Q  O  N  Q
Q  L  R  C  O  M  B  Q  A  E  Y  I  R  D  T  F
E  O  S  B  O  T  O  N  D  T  R  T  J  I  A  N
P  H  Z  N  G  C  N  R  M  V  G  T  K  J  L  W
E  L  T  O  R  N  I  T  H  O  L  O  G  Y  S  U
P  O  Y  O  O  B  I  A  W  A  J  R  G  C  H  K
A  E  D  J  U  B  A  G  L  G  C  A  A  D  E  O
N  E  F  R  S  G  U  I  Z  D  I  L  Z  Z  L  Y
V  C  B  L  E  N  G  B  X  C  L  Q  D  B  F  I
```

PRECOCIAL / SCUTELLATE / OXPECKER / BIRDER / CONTINENTAL SHELF / NOMADIC / GROUSE / LITTORAL / ORNITHOLOGY / WAXWING

Puzzle 31

```
R F Y L A V I A R Y I U X I Z P
J N Y O T D E G R A D A T I O N
S J N N T N U T H A T C H D C E
S M A T E F Z L A K T U J G M Q
V P G M N N T Z T S K I K J U Q
R S R F U L S S S W Y T X S C V
W X H G A V Z N H A L Y X T H A
P J F R T T A I L T A B S I V F
J T P S I L O P A E D I C C P Y
N U S C O K R E N R J S W B L P
I D X W N T E X J T E V J M X R
E K G P M E E G B H T R F V C U
R X N D O L J E Y R I Q V S K C
D H U K M D C C J U X H J H K G
Q Y V P N Y W J J S F U F I H W
I L V Y P J L K P H Q O U D G G
```

**NUTHATCH / DEGRADATION / AVIARY
/ ATTENUATION / SNIPE / ADULT / TAIL
/ PSILOPAEDIC /
WATERTHRUSHSHRIKE**

Puzzle 32

```
C A S D D W F B W G A M U M B J
E L J S X T G C G N N G R A O I
U T C Y Z E F O U W A W F N W O
F E O L Z T A A Z D R Q M I E Q
G R F M K K F M C I J P O S R L
L N U B I I C A D W C G F O B Q
J A H E V U T L D S I H F D I I
G T N A D A M E A D O W L A R K
R E H M R U T P D F M K O C D H
U P D K J W Q O D X W L C T A D
I L C C R T A L A J A I K Y K D
U U Q L C I D Y A D Y Z J L A H
Y M L S C Q G G P R E D P S B J
F A M B G L S Y G P F E A O T L
W G F B R O W N P E L I C A N I
S E B J V O I Y G J C V M Q M W
```

BOWERBIRD / ALTERNATE PLUMAGE / ANISODACTYL / FLOCK / MEADOWLARK / TOMIUM / KITE / MALE POLYGYNY / BROWN PELICAN / AVIFAUNA

Puzzle 33

```
D E C Y D D V Q W L R W I P S F
O L E O J N Q F K J R G A G B F
I B M O M U V U E Y B V G P T O
P I P G H M E M S B Y K S S R R
V O C A L C O N V E R G E N C E
Y U P M X P E N G U I N U J U S
C P K U V W K B R I S T L E K T
M C N H B P B T K H Y S W U I H
D T U R T L E D O V E W C V D X
A P M E A W U N T F M A L I C I
O V W L P I S V B Y A L Y P M U
M I Y S Y J U Z Y N V L K H C I
M O L T M I G R A T I O N N X M
N S Z T I F K N O I A W T K F C
H I S G X N T K S O R O W J A H
G J H E L K W M B E Y C N E J A
```

**VOCAL CONVERGENCE / PENGUIN /
MOLT-MIGRATION / FOREST / AVIARY /
NEST / TURTLE DOVE / SWALLOW /
COMMON RHEA / BRISTLE**

Puzzle 34

```
S  Z  M  M  E  S  H  S  J  G  O  T  P  S  W  Z
M  J  U  W  A  S  D  P  V  Y  X  J  S  I  B  G
E  Q  K  K  L  K  M  J  P  X  H  E  D  B  N  E
Y  X  Q  B  B  Q  P  O  D  E  N  N  V  R  K  Z
S  C  D  I  A  N  P  V  K  S  E  F  L  O  F  Q
E  J  E  R  T  K  P  X  S  V  L  N  T  W  F  Z
R  X  I  D  R  G  T  E  O  T  U  K  X  N  C  Q
U  A  K  C  O  S  L  D  C  J  F  I  B  P  I  L
T  H  S  A  S  T  K  A  S  H  M  L  H  E  K  D
O  H  B  G  S  C  R  E  E  C  H  O  W  L  H  R
U  T  L  E  O  T  F  E  I  L  B  H  P  I  I  J
O  V  R  R  R  D  Y  M  B  K  A  E  V  C  D  C
A  Y  G  A  Y  Q  W  Z  J  Q  J  R  U  A  P  N
J  Q  L  Y  Y  Z  W  A  J  D  Y  T  K  N  J  E
V  A  R  I  E  T  Y  L  I  J  Y  Z  C  D  L  Y
E  R  W  N  M  P  I  J  S  Z  Y  P  Z  I  U  I
```

ALAR TRACT / ALBATROSS / KILOHERTZ / LARK / BROWN PELICAN / BIRDCAGE / SCREECH OWL / VARIETY / RESTLESSNESS / ROCK DOVE

```
T  I  Y  T  U  I  J  N  M  E  A  N  C  B  T  M
B  X  H  T  N  G  Z  U  I  E  L  V  Q  M  P  O
R  F  T  S  C  E  H  M  M  G  I  U  N  Q  X
Q  D  H  H  H  H  V  X  I  K  G  T  D  I  F  R
I  M  R  I  G  F  T  S  C  D  H  J  Z  P  E  O
Q  Y  U  Z  R  T  J  W  R  S  N  I  N  M  J  F
U  R  S  G  Y  Y  Y  I  Y  C  W  C  U  U  Y  W
M  O  H  I  P  W  B  F  R  U  I  I  T  I  R  C
G  H  M  H  B  E  K  E  Y  T  R  I  E  A  Z  Y
B  K  C  M  R  P  L  O  V  E  R  I  K  D  A  S
C  U  S  O  C  B  M  I  T  L  D  L  R  N  R  E
O  E  H  R  R  C  N  P  C  L  K  I  U  R  W  O
X  S  T  A  Q  X  A  W  N  A  B  M  X  T  T  A
I  H  W  Y  A  L  O  J  V  T  N  Y  Y  L  R  Z
M  U  H  Z  W  S  S  R  A  E  O  M  V  J  D  U
F  Z  R  O  T  Y  E  C  F  W  S  B  B  V  K  V
```

MIMICRY / MEAN / PLOVER / THRUSH / APTERIUM / SHORE BIRD / PELICAN / WARBLER / CATBIRD / SCUTELLATE

Puzzle 36

```
C U P R M F V D U I Z R A H D G
E H H W C D Z L A U A N N Z Z R
N C Q S T D R A Z Z B S R N N Y
P M E I E U Q A F Y D V E R S F
H P V J R I E Y Q K U R C N H I
W B L H R X M V K D E B I Q E A
M W S X I Z A H O V T U S M X H
F J A R T Z R O O S T B B V N I
D E N N O G R L E W I U G G F E
H R B Y R B P N D N N Z R N E P
N A S P Y N I D V L G E Z H U R
S I S F E K S N V L H Z L F R D
N A N D U T Y R Y T B O Y I N U
Z O L Z N O R B A B I G Z K N P
J O I T D L R E O O S J V X U M
G W K K I M F A L C O N D X J D
```

**TERRITORY / DUETTING / GOLDEN PLOVER /
NANDU / ROOSTROBIN / FEATHER / PETREL /
BROOD / FALCON**

Puzzle 37

O S J G C Y J K M R L F F C G I

M C G H F T Q R K S D Q V P R O

V A M O X T F E V N Z V R X O U

U P U S P P E R I B F I M O S Y

M U J D R C L F C D U W K R B F

W L I M X E F R H E B C H M E O

V O W W Q U A O T R U M P B A Q

X H M P P D C A H C L Z H V K A

D U W J N C B L Y Y L D P W H C

G M N K X U W Y O C F P M N R O

J E N X C J B B R O I T J F B D

N R L N C A T Y N T N B D G Y J

K A I C R G D W I R C J M M H Z

A L F O B N C Y S X H F J X M U

X J R S M N H L D N H J U Q M N

S R A E C A N J R N B I B E A F

**INCUBATE / BULLFINCH / GROSBEAK / RUMP /
0 / CUCKOO / SCAPULOHUMERAL /
ICHTHYORNIS / LOON /**

Puzzle 38

W Z I J O R B I T A L R I N G C
R L V D V Q I G Z O S Y B U Y L
R V P K V E R O A H Y U J X H H
E N U C A U D A L T R A C T U X
D Y Q Z T T O N T R M P O D M E
E Y Z K C D F M R X B K M Y M N
O Y C E W I P M I S Z U P U I O
B X V D D Z A S C X I X L X N P
F B K J Z K R H I U U P E H G S
M K F J S W A O A W O I T Y B E
E T P I C A D E L L G G E Y I E
U A S M A I I W I D R K M V R X
Y F Y E N P S F U M R Q O T D K
C D A D T D E B P U S I L I V D
I P A G T Y E A T V F T T Z G Z
U L V M N O N O B R Z O S W S E

FILOPLUME / HUMMINGBIRD / BUDGIE / COMPLETE MOLT / CAUDAL TRACT / ALTRICIAL / XENOPS / BIRD OF PARADISE / ORBITAL RING / TURKEY

Puzzle 39

```
L  P  R  W  P  C  T  O  Q  N  X  I  I  J  F  Q
M  C  V  V  P  B  G  C  U  Y  U  H  R  X  I  M
S  Y  Z  S  K  Y  W  Z  I  H  X  C  V  Y  J  A
G  P  W  N  N  I  W  J  J  P  B  R  H  M  X  S
F  L  Q  J  K  M  G  N  G  W  M  H  E  D  G  W
K  I  N  G  F  I  S  H  E  R  O  U  A  B  B  U
Z  J  B  P  I  U  W  O  F  S  W  K  F  B  W  J
H  Z  P  U  J  R  I  A  H  R  W  P  F  L  G  K
I  F  C  N  P  A  R  T  R  I  D  G  E  U  A  Y
L  V  Q  L  M  N  H  Z  I  U  D  L  R  E  A  A
D  Q  X  Y  H  S  W  I  O  P  E  G  B  J  S  T
R  I  P  A  R  I  A  N  W  O  O  D  L  A  N  D
N  I  A  R  C  H  A  E  O  P  T  E  R  Y  X  M
M  K  S  N  O  W  G  O  O  S  E  C  L  Q  D  F
K  P  P  L  X  Z  R  V  Q  Y  Q  G  N  F  S  G
Y  M  Q  M  I  F  D  W  X  D  U  V  K  A  Z  A
```

PARTRIDGE / BLUE JAY / SNOW GOOSE / ARCHAEOPTERYX / BEAK / RIPARIAN WOODLAND / RANSI / KINGFISHER / JAY / HOATZIN

Puzzle 40

```
N  R  O  N  Y  E  E  D  O  I  E  U  Z  X  X  A
E  X  L  K  B  N  C  F  J  P  F  G  J  C  C  H
L  H  T  Y  D  V  D  A  U  G  E  J  Z  T  Z  K
S  Z  H  Z  P  X  F  V  V  F  O  W  L  A  O  I
E  I  Z  X  U  M  F  X  R  E  M  I  G  E  S  I
R  D  Z  W  J  U  R  E  W  M  S  D  C  M  J  E
M  C  R  U  R  A  L  T  R  A  C  T  G  C  C  N
J  G  L  S  J  U  Q  U  U  L  T  I  J  X  U  W
Q  P  E  R  E  G  R  I  N  E  F  A  L  C  O  N
S  O  A  K  Q  E  V  G  C  B  A  Y  X  L  W  U
D  N  R  R  K  J  S  O  N  B  G  G  K  Q  B  S
Z  W  V  C  N  F  V  I  Q  T  M  X  L  G  S  M
S  D  I  F  M  A  V  X  Y  V  R  H  R  E  R  O
C  L  I  O  M  D  K  I  X  V  J  F  L  S  D  F
F  B  U  D  G  I  E  B  R  P  K  Z  W  Z  J  W
T  P  S  C  W  I  P  D  V  Q  F  H  F  A  T  W
```

**FOWL / AVES / AVOCET / FEMALE /
BUDGIE / PEREGRINE FALCON /
CRURAL TRACT / REMIGES / FLICKER /
EAGLE**

Puzzle 41

```
F L I G H T F E A T H E R S Y U
P L O D H Q H P K J L Q A A P A
Z B B K P C E N L J U R T Y L C
K F F W I X I U Z O L H C M D A
U E L F K M D Q N F N O O H A A
S X V O Q Y H A K U E D R H C L
Q H O X P E C K E R C E M V D U
P A N H A B I T U A T I O N Q L
F I N O E Y Y T R P Z S R J A A
W Q W D A R V N W T Z L A K J R
H X H W W N O S B O Y A N X G D
N B R M B B Z N I R G N T T V I
V G G Z K Z V I A I B D E N G G
W B Q H C C G N Y A Y R L U I I
O F S K Y L A R K L Q E Y T O T
O S Q O L C Q B W L O D X T V C
```

**RHODE ISLAND RED / FLIGHT FEATHERS /
HABITUATION / HERON / SKYLARK / CANARY /
RAPTORIAL / OXPECKER / CORMORANT / ALULAR
DIGIT**

Puzzle 42

```
C  C  E  L  W  J  M  R  G  B  Y  U  G  I  X  X
A  L  T  E  R  N  A  T  E  P  L  U  M  A  G  E
S  U  X  G  P  Z  K  B  K  K  A  C  O  X  F  X
I  M  W  L  C  V  U  F  A  H  W  R  L  C  G  Y
I  P  H  M  U  C  K  G  F  E  H  L  T  O  N  K
F  C  R  C  W  B  M  J  K  U  I  B  E  N  A  P
H  J  W  V  C  H  Y  P  W  B  T  Y  Y  G  T  B
B  M  C  X  F  Z  I  N  S  Y  E  S  D  R  C  C
R  I  K  T  S  S  R  S  W  C  D  X  X  E  A  E
Z  A  C  X  H  I  O  I  T  A  O  P  I  G  T  M
H  B  P  P  Y  R  O  D  L  L  V  W  H  A  C  C
L  M  F  S  C  N  K  I  F  L  E  W  B  T  H  E
N  O  N  N  A  T  I  V  E  S  P  E  C  I  E  S
B  A  E  W  N  C  U  I  R  E  Q  C  V  O  R  P
K  H  U  D  T  E  N  L  Q  U  T  M  U  N  K  D
J  W  Z  C  T  D  K  G  W  S  B  W  T  V  T  C
```

**CROSSBILL / WHISTLE / MOLT / CALLS /
ALTERNATE PLUMAGE / CONGREGATION /
NON-NATIVE SPECIES / WHITE DOVE /
COWBIRD /**

Puzzle 43

N M S Y K F J N V N X P W O H Q
K L J Y X L I D P J R Z W T U W
K P E N N A C E O U S L S T M U
D I N O R N I S D H D Q O V S T
C T G T A K B P R U L Z Z K J X
I O G C L N G U B R M D E U V V
G E V H F N I G H T H A W K I I
N L V E I P K R Y U E D B Y L S
I C X D Y U A A S C U U B G Q C
F G R T K P G Y R Q X Y B S V M
S I Q X P O R P L M T S Y M E M
B F O T K P Z A I T O O K T M S
U B L E V B E R G K U E W M S Y
R T O V X L T R L C C E O M T N
S E F E C W P O L Y A N D R Y X
J A O C L Z G T V K N W X W B Q

**GRAY PARROT / DINORNIS / TOUCAN /
POLYANDRY / COVEY / PENNACEOUS /
NOTCHED / BIRDING / NIGHTHAWK / FLANK**

Puzzle 44

```
Q L I S A L R N M S C O B Y V W
O D E Q B T M H R B M M Y I S U
R O S E A T E S P O O N B I L L
D D Y A M C V G X F L S I R I L
Y W R N P D D Z D P Y I R U A E
D Q Q O L R Z M T U R P D Y P X
T A I G I Z U F I C D I E V J Y
I Y O B T L F E U E Z D R X R P
G R M Y U W R J X C E P K Y V J
Z D L G D Y A V V T G D P R U G
M K U D E L Y V O I T U Z H T K
F J M Z X W O O D P E C K E R H
I X A T V E B R T A W K W T A B
V E Q E Y T Q R P P C K R K B S
O H A W A I I A N G O O S E V X
Y H T U M Q F M R X Y M Z Z G Y
```

**JUGULUM / BOOTED / AMPLITUDE / ROSEATE
SPOONBILL / BIRD / BIRDER / BILL /
WOODPECKER / DUCK / HAWAIIAN GOOSE**

Puzzle 45

```
J  L  W  E  L  F  K  J  E  I  L  U  L  T  H  X
O  X  W  F  M  C  P  T  R  T  Q  O  R  Y  A  R
G  C  B  F  N  O  A  N  R  X  G  F  A  T  S  R
I  I  M  Q  N  M  A  C  A  W  S  F  Y  S  G  G
F  X  L  F  S  M  V  S  G  M  M  S  F  S  D  F
J  P  X  G  P  U  I  A  I  X  R  H  C  M  V  G
I  G  Z  D  F  N  A  C  Y  E  A  O  V  L  W  I
C  H  Z  F  Z  A  N  N  E  G  N  R  A  E  Y  F
C  C  B  P  M  L  I  D  S  E  Y  E  R  I  N  G
X  J  C  K  Q  S  L  Z  J  L  R  U  H  I  H  C
U  D  K  N  H  I  V  Y  P  O  T  U  I  K  V  Z
W  B  F  E  K  N  Y  O  B  A  T  T  F  C  M  T
X  L  I  Q  U  G  S  E  M  Z  K  D  B  S  O  U
U  N  S  X  O  I  Z  M  G  L  T  X  D  H  I  U
O  J  P  O  R  N  I  T  H  O  L  O  G  I  S  T
A  X  U  J  K  G  Q  Z  A  Q  F  W  O  S  Z  N
```

COMMUNAL SINGING / BOREAL / IMMATURE / MACAW / EYE-RING / KILDEER / MATE / AVIAN / ORNITHOLOGIST / OFFSHORE

Puzzle 46

```
A  E  I  T  N  Y  D  H  M  U  N  A  W  S  G  X
B  F  S  R  D  B  S  P  R  P  M  Q  I  A  X  D
T  A  Q  E  V  J  Y  O  V  O  M  Y  U  Q  R  L
O  S  S  I  A  U  E  V  U  F  H  O  R  E  B  H
V  G  P  I  Q  T  K  R  W  W  Z  R  X  C  Q  D
Y  Y  Z  D  C  X  Y  A  Z  C  Z  R  A  I  L  Y
V  Y  O  U  H  P  E  K  T  H  R  O  R  P  F  A
X  A  W  T  V  N  L  B  A  R  N  O  W  L  L  B
A  L  U  L  A  R  Q  U  I  L  L  S  D  U  H  S
D  C  J  R  Q  I  R  A  M  D  J  T  V  M  G  M
Q  V  C  P  T  I  G  B  S  A  G  E  D  A  V  Z
L  T  R  R  Y  B  C  A  A  C  G  R  O  G  X  Z
S  F  E  R  A  W  E  E  P  J  P  E  X  E  W  K
S  J  S  C  L  K  D  N  K  J  W  D  X  D  Q  Q
R  P  T  Y  D  H  E  G  J  N  Y  P  X  W  D  W
C  X  N  X  D  A  A  P  Z  Q  X  O  E  O  C  O
```

CRANE / PLUMAGE / ROOSTER / BARN OWL / CRAKE / CREST / TAIGA / ALULAR QUILLS / RAIL / BASIC PLUMAGE

Puzzle 47

```
H L N S H X X E N Y W J P Q Z S
L W S T L I V F Q E Z X T M S C
W R M X X U A D M E K M I Y W B
S B M V R W T A E M D C L Q O H
M G X O I Z K S R M L B O C O F
W S B Y L S N Y G I Y I P O D J
A T M V E N T R A L T R A C T O
S U E G Q Y B I N U K D E N H V
Q L R N D P W N S L K I D B R M
P Q V I P C P X E X I N I I U Y
V R X S C A N A R Y T G C I S V
D S U N K U S R A C P K H C H R
W X X D W T L C C R S P T L S E
S T U V U S T A H Y F X D O Z Z
N A G H Y U A O R W P S A B B X
Q G Z W J W Q M I S Y D P Y Y Y
```

**CANARY / VENTRAL TRACT / AUK /
PTILOPAEDIC / MERGANSER / AURICULARS /
BIRDING / WOOD THRUSH / SYRINX / COOT**

Puzzle 48

V H B O H M G P O B T J G D V E
I D G S D D H K Z S I Y P P L G
L O H R E Z E H X E B D V Y Z S
S D O R E R F S M Z I Y X P P A
Z K I J Q B L R X U O E J D N V
C B D R A V E S W K T Y O I E A
H S W E G Y D W Y A A H M Q R N
O Z T Z O N G L L Y R D P O W N
P L Q N A Q E U O Z S J G O L A
S S L F K T C A W C A Q R X K M
E B U N T I N G Y W L C W L C K
B R D G T S Q K W I J S M H L D
H A N E I D S X H N O Y S B D J
B P R A I R I E C H I C K E N T
S O G W J C A R D I N A L A P F
N U I E N J D P Z J T W Y J N H

FLEDGE / BUNTING / AVES / RETICULATE / CARDINAL / CROWN / GREBE / SAVANNA / TIBIOTARSAL JOINT / PRAIRIE CHICKEN

Puzzle 49

```
D E M B E M A D S R M H W Q C X
V B P W R K D U W W J E Y D I I
Z J T S M D K I L Y F P M I N R
N R O W Y U C T A S F I D V F P
J E I M X J K R R H L T F N I A
O I S R G S Y L L A B L E O M U
L J F H Z R U Y B E Q S S P I R
G I Z B T E H X E C U R I I N I
N N K Q Z K D G Y O A X V D O C
F X R Q F I N C H O S Q C V R U
A P H A O I H D Y T N Z R H D L
S W Y L L E R K I B U M U P I A
J M W R W I W M Q E O O M H G R
B E A K B R E A S T Y F I R I S
K T C S M Q Y I Q C G G L M T F
S K O I J G Z X N S L C A I M S
```

**STARLING / MINOR DIGIT / SYLLABLE / BEAK /
BREAST / BIRDHOUSE / IRIS / AURICULARS /
COOT / FINCH**

Puzzle 50

```
T M N E T Q Q S Q F T Y T K B V
U W C Q L W N H C B V V S K T B
Q H Q D A O O G B X Z R O E A X
P C K S M Z R O Z Y S V M E F A
L K M J E X Y I D F G Z O O M I
Q D A Y R M E U K L E N L N J M
Y K V S I L I B R E A S T B F E
D L C U C Q D P K D E N W P U B
Q Y B J A B E P A G C T D A J O
V Y T B N H R Q T L N B X O N W
Z C F U R X J K J I M A G P I E
W N J J O N F K X N N A M A L R
J H L X B N I E W G M R T P S B
S W Q S I K D D Z R F F W E M I
O F W W N T F A B M E R Q I G R
P F N X F X Q R R O S M K I A D
```

**EIDER / AMERICAN ROBIN / BREAST /
MAGPIE / WOODLAND / FLEDGLING /
SWANLORIKEET / SEMIPALMATE /
BOWERBIRD /**

Puzzle 1

```
X  C  J  C  O  R  C  T  J  D  N  R  M  S  I  E
K  K  A  V  A  R  H  H  H  T  Z  I  U  K  S  A
L  B  Z  F  V  V  I  O  V  F  A  C  M  Q  E  S
V  G  R  U  M  U  C  O  M  I  B  W  F  C  M  T
M  H  A  N  Z  O  K  C  L  E  Y  T  P  R  I  E
G  S  J  Y  R  V  E  R  M  E  R  H  P  G  P  R
I  X  J  Z  U  P  N  M  L  H  E  A  I  G  L  N
A  T  O  S  G  Y  N  T  X  U  I  D  N  V  U  B
R  Y  E  C  T  B  S  E  A  Z  R  I  T  G  M  L
K  O  C  R  M  I  J  K  X  O  W  U  A  O  E  U
Y  B  S  U  R  K  B  V  J  T  T  W  I  D  A  E
T  W  A  B  X  N  W  A  V  J  E  E  L  I  V  B
U  P  C  J  S  C  M  O  J  E  I  E  Y  Z  T  I
P  K  Q  A  D  K  Z  E  A  A  G  N  N  F  Z  R
N  O  O  Y  Q  J  P  F  Y  V  Y  C  R  E  M  D
Z  R  O  X  A  D  X  M  E  G  T  E  D  U  U  I
```

Puzzle 2

```
I  O  D  U  M  B  R  E  L  L  A  B  I  R  D  C
R  G  M  B  O  X  Q  M  I  G  R  A  T  I  O  N
R  J  W  B  Z  P  I  P  L  D  E  F  N  W  Z  W
G  U  S  C  V  E  E  H  M  R  H  M  P  J  V
M  Z  G  A  A  L  A  R  T  R  A  C  T  W  V  O
U  Z  H  V  V  V  O  C  O  B  S  L  O  G  W
W  O  K  G  T  I  F  R  R  U  P  P  J  Z  P  R
E  Z  N  A  D  T  I  P  M  U  L  K  G  A  I  L
X  Q  O  B  N  A  C  E  Z  P  L  U  W  U  C  C
M  I  C  I  N  T  E  N  S  I  T  Y  M  K  A  S
M  W  T  G  E  J  B  G  F  K  L  Y  K  C  L  D
D  S  F  L  X  I  A  U  B  N  I  W  Q  B  L  T
D  S  X  Q  Z  J  K  I  S  U  D  B  H  N  S  P
I  A  F  R  I  C  A  N  P  E  N  G  U  I  N  Q
P  E  O  N  H  T  O  R  P  A  B  J  E  D  Z  Q
D  Q  Y  M  N  U  B  L  A  C  K  S  W  A  N  Z
```

Puzzle 3

```
N H R N A P E C Z I M A A J Q B
Z S B E M N B W C M N H O V S T
M Q M C E H J K H O K A C L C T
N A G J R M V W I E T T G B R L
K T R C I C Z T C B Y C P R U P
X Q I W C A A K K S Q H Z F R Y
O Z O E A U H R A B K I R S A R
Z M L F N D B I D I P N H K L I
E V B E F A X C E R Q G B Q T L
D N T T L L B D E D W S L E R N
V T I R A T H X A C P U L E A C
A U B C M R J O X A T C S X C Q
B R P U I A G O D G F C L I T I
Q E C L N C B Q W E Y E B I Q L
Y V J A G T C O M M I S S U R E
D S O N O G R A M E D S J E O N
```

Puzzle 4

```
F L E D G I N G S U C C E S S Q
P R E A L T E R N A T E M O L T
Y Q S K V G L E L Z K R H L L U
C O D B P I Y O T U M I A A M E
J J P T J S U V I S R H L E R O
V F B O T O G F H U S E L N P S
K X X T Y M F G U C K E U A Y R
P T W I L T Y T C I R X B X C
V W O P R K W C C T L L V T U L
I A D A R T P P A P N Y H L P W
P B G L H W B K K J J G L Z D V
O E I M E B C S Y M L C F A H H
M G C A N O P Y J P J Z H G M J
F Y R T C K L C Y U S R P U A K
F X O E M F C L N V F O T Y D A
A M E R I C A N F L A M I N G O
```

Puzzle 5

```
T K Z G Q M Y C C Y M I W W K C
U P J B U D G E R I G A R A T P
N Z S I O A H I Z M M R C T Y H
C A P R R O I Q D M M C I O B S
P O O D H X T C G A H T P N M A
S Y T W E X A E F L J I E A Z P
Q W T A N B U W D L S C T L D M
X R E T R X X K T A J T F Q S F
W P D C R E E P E R X E O U D W
T I O H K T I J L D B R S A B F
D S W I F T G N N D L N A L D B
H G L N A P L Z Y U G K T I G P
M Q Z G Z L T T P C I F W T E P
N G Z F R L P U N K W Q T Y S Z
T J C B H M L T M H N C S G N S
B J V F X T Y B T I Q V Z T I G
```

Puzzle 6

```
Q M A I K K V C I F X X C A Q O
F E T F Z J L B S D Z O A Z O U
O K L O D J L G C M M L S J Q Q
F Z K D I F A L B A T R O S S R
L G A Z Q G L H B N N J Q D J R
O C L V S M S N R I Y O S S B N
U O Q V G P W O T Z F N P D S F
V F K C C F H R G Y Y R X Y Z H
Q S Z X H G A O H A H O S R S K
L N K N E M N P J S I O H D W N
R M C L W Q M E V P D R C A R O
P X X C X G U N W D M E H M Z P
R S S G I L I D R E D B I M U L
Q V T D B O B O L I N K C N B T
Y U Q P Q L I L L Z B N K A D G
Z A M E R I C A N R O B I N N U C
```

Puzzle 7

```
G H U Z W S C S B T P A Y I A F
D U J M O T O E S N E L T K W O
P A U M Q C F I G N Z J F C S E
L C V A I F Z Q M P U O E R C B
L R E L G G J I F F Z Z H F U X
W H N A M E R N L M N C C G U T
J Y I R V L B A C K T M L D G U
V T L R Z X N T F H L U A E T
Q H E E A H D O V E R J Q F Q N
J E P G A V P O S V A G D O U U
R Q L I B L E A T C S F Q O Y I
R H U O F P R N Z R H T R N B W
F N M N S H L G S A E I K I C H
B X A A P F N D O N R V C O E Z
R R G E S I U A P E C O Q K M Y
O D E X Q F A U H M R H T H A C
```

Puzzle 8

```
Q N M L F G R Q M S A D O M D P
H G E I L D D Y S F D D W B A S
H K R V P Q R L Q Y D E S I C V
P A D A S D W N F Z N W C T R E
X B L R S O N P U O O F A T B C
U Q T K P S N I I R Z W R E L Y
I B D I H O L G R X O C L R Q Y
X I N J I J E A B D O M E N X C
C W S B C R P I N I F V T P N U
N J O S R S W W Y D R D M K Z R
G D L A E E X H F A H D A C U
I C L E P B U L L F I N C H Z B
Z U R B S H A H C P J Q A R N K
G T F M C L Q C A S S O W A R Y
P Q Y L Y P O G V L P F Q D W W
D I H J F V I O N Q O N X T Q R
```

Puzzle 9

```
Q K H Y F O X R L L V F E Z L D
V E I W U H M G O N Y F M E K
Z X E G O L J L S U B S O N G F
W A J D K W O J L T P U F U B L
N V C U S Q A Y M Z K H L T G A
G U E P K U X B W C L A D C D M
B J A D M L W J E Y H K K R J I
D T T S K X O K W Z Q I I A H N
P G E F L Z H Z R D K B C C P G
Z T I P O X L B C X A G H K W O
L A V R N C N E H E A R H E E C
S T N G G G R J S X Z S T R Y N
E A K D S M L M I Y T J K E E G
J D I S P E R S I O N O X T R U
J J S R U Q V K F U K O J I D N
W U G Y R A Z O R B I L L B T U
```

Puzzle 10

```
H W G R X G T S W E D N Z P E F
Z K P E A C O C K R T P W Y B O
S J K L M C L U T C H I K O J B
N M S C B X C T J S Z T Z J Y M
R O L V N F A E J F U R Y N V H
K V S Z A L U L A R Q U I L L S
Q O R T P I H L B I T T E R N E
I P V N T G M A F G N C V S Z R
M Z U U E H Z T T A V S A D S R
A D N C R T U E Z T W G H U J A
V H T J I L G B V E Z A O O D T
S W G N U E I O I B P B T G R E
U N N A M S H O E I B T T M J E
V B I E F S F T K R N D T V M A
A E W A T L K E U D N N P I T S
C B T F H B U D W V X J D D E O
```

Puzzle
11

Puzzle
12

Puzzle 13

```
D M Q Q G N V I V S A F S T G F
L B F B L M U W X N V J Z B K X
L S E N U Z D K S J U X L W G J
W O I D J S N R S U T S R M J U
I C T A P S K L X U I C R W K A
H L M K M S A G O T F N V G A G
K S G Z Z E P I C G U E D R W G
O K K Z H V S J S L B G Z A Z B
C O A R U B X O K F U N B Y B D
S H B Y B R I G P W N Z Z P J G
U N A Q N Z M H A T T Y N A U R
B V O C A L I Z A T I O N R L A
S H T Q T C U L M E N L N R I C
H H O H U J O Q S E G E E O C K
O R A O P A M P R O D A C T Y L
W T R N O T C W T U L O B A T E
```

Puzzle 14

```
L R G V B M P S Y K G T C D W V
A L M F M W L I S T O R K P D C
H P B T B A N Q P H O Z X B N A
I L B Z S E H P O I S E R Y Q N
K U Y Z F X D A T I E R R T K A
H M V Q X W D U T E Z U M D K D
F A T S E S G Z E Q D D R B O A
L G R K V X S L D W Q I P Q X G
O E J P S F T J O M Z W X U V O
P C Z Y Y N D L W V P K S E C O
H Y S G A E Z W L H R K J T B S
B C Q M N B A Q W D V Z B Z Q E
E L D Y G T G G Z L G J B A D L
X E G O H F E P N I L N Y D L X U
H H O W J G I A P E I C Y D L G
P I F L I G H T G E Z A Y E P U
```

Puzzle 15

```
H U D X Z P Y G P O R L C O L M
U N V S O U U F W Z H D X O N K
G A Y P O E O K K S F T G O L D
V T C D G H F M A X A Z H V I B
R I N G B I L L E D G U L L B H
F B N A T A L D O W N Q V X P Z
L H V P A R R O T P A Z H O D H
E M K A D U D W Y V L P R D O C
P J D L U S K N Z J O J M A V M
D V A M L J W F Z O Y T K D N E
P R D A T H G E T F F G M L J S
M M L T H Z G A N D E R X F Q H
I Z G E I Y K T M O P S K D Y B
F O B V K C C H C H U O A S L H
X K S Z O V F E M G V P K U J U
Q P O C B H K R R G X G D V C J
```

Puzzle 16

M U U A G B Y A V I F A U N A S
S X E H Y Z C K W T U R L B X F
U R O O R L T O B J J C V K C C
K J H A F N I I D Z V H P I C H
W H K U A B F F P R D A G L O Q
P E D R L L O U M O A E H L V J
N E L O C A N A D A G O O S E P
X R N S O C H I N T Z P D M R S
U Y P G N K R Q F M L T H D T V
K I F Q U B P A E J A E D H S Z
K X X J R I P S K A K R M M N S
K X P F V R N J N E I Y V E G R
A F K H C D N J Y B V X M I X B
G Z P U L W Q J T W Q U T A Z N
R U D F Q F I A L F L Y X D O S
F C Z N Y W C T T K I P I E P P

X J K B A O F J D X Z K P H O Q
N B A Q Q Q H N S D W P B B G L
T U A Q A N P D T S P P Q S B O
B M Q S A R E S W S K I M I Z U
E Q W R I Y E O K I N G B I R D
Z O E H W C E E S T P E S L W N
U C K A X B P O F S A O C D E E
X C E J W G L M Q O N V Y H S S
C I U K Q O T A U F I P L G C S
A P R E B A S I C M O L T L V Q
B U H B P L V O V K A A C I A Y
A T U N D R A X S D B G T T L D
T Z Z J J V A S Q W B I E W S E
N F F F L Y C A T C H E R E O G
N L N Z K O O V E L T D J D G I
B Q Q B Y S U K D Y Y Y F H L U R

Puzzle 19

```
Q E M V B W E Z O L L K T M G R
T S W H Y Y Y A B D O M E N I J
S P G I O E I L H E E Y Y L P Y
Y X M A Q C L U B P S Y B A L T
L C U S W C H L D L Q W L G D G
F D U N V C L A O U U Z V Y H F
H D I X S I H R W W H N X O S C
E F P A B O M D V K T M G Q O K
Z U J X L K N I G Y Q H Y M G V
L R V Z O E I G O X I O R O D Q
H F P Y H S C I E J W F M O T T
A X A P G Q G T V I U N Y L A R
V Y X B R B K G G G C A O J R T
Q U C M P L I F N L O M H T C Y
H D O W N Y W O O D P E C K E R
I H N G Y C J U D R U V F N T U
```

Puzzle 20

```
C R A P D A B W K Q A B C N B C
U C R U T D A Q T J W D B U R I
T A O F C Y C L E Y S U U O P H
N P K F C A F I T V F H D C T W
I I J U D C L Y Q R T A G G J H
O T Q C V D J T N N I M E D H I
K A O B P O B B A Y M C R C O P
P L K E K U H A R M O N I C S P
P T J P Y O N R D V N R G A K O
C R N S V O P N F W T I A F L R
K A P B V K P O S S B C R U U R
Z C F X K I U W O J X T O X P W
H T S N F L O L H D Y U Z J O I
Y A E S N O W B I R D S O O E L
J W L J A O E F D J A E R Q Z L
P D X N P Z B K Y V V V P R Z J E
```

Puzzle 21

```
V M N G T Z Y G O D A C T Y L U
S U P E R C I L L A R Y B Z E R
S N J K M N R J W E J P T Y G C
M Q O H C J I O W N V O P C G O
F C E W I Z R G Z H F L E X C V
C G A W Y C G A H U N Y N T A X
Z R K F M O R J C T Y G Q C W G
P F W J U Q W E A R I Y O N M
P R E S U P P L E M E N T A L Z
D V R O O H S K B P M Y G B H I
H O C T V V O M S G E Z L A Q J
R A X M U O M K N S H R J V L U
N I B I R D O F P A R A D I S E
K V U N X O B G O H D S A T T D
K A E X H V O R P X V P G T X A
H E I L E Y S V P U I F R T K T
```

Puzzle 22

```
E W V O J Q R B K A D W R N O M
Q F W W L J Z N B E D M A E H O
P O Z X Y P L Y R V S W T M B G
Z U Y T H T T R C E S T C P N F
I R Z E N E G W P K S C R I S I
K I B B C B R O C K P I G E O N
C E B O D E I A G F P N D R L W
J R V V M L L R G G I I L E K B
R A J H A B T L D S J O J S N A
E N R X X R F P R H N V X Z O T
L A P J B U P E A F O W L Q J U
H L Y I J S T U B K T U W Q G Z
V Y F E O N O P A S Y O S E S V
W S K I U K O Y A X T F I E O E
W I E O F U Y G S O P K F M G A
I S C U C K O O B I K E R X Y R
```

Puzzle 25

```
D K L U I Z R X B V V B L X L E
B H F I Z C P I G X T Y I T C O
I A E A C A O P Z R E D W I N G
S E L M V P Z V T G H T T G L O
L I Y D R I G Y E D I Q U A I L
U D O A E T M K Q Y Y V N M Q D
B K O O K A B U R R A I H M L F
C T N Z G L G Y V C Z E A R W I
H T P O R T E L X X U U W E E N
C C N E B R X T E U C S X D Y C
X O W Y P A T E M S D J A S T H
M Q V S C C X V T D O N Q H Y Q
J X O E Y T I E B I U T J W T T
D S I C R S U D J K L V V Z I O
J Q H P X T H K G N J Y H S Y A
G F E C P L S F K X N U H Y M C
```

Puzzle 26

```
M N J F L G G B U Q P L A G N U
Z G J C K N H A T T I T R U C X
Z Z R W V Q O C Q N J E B O Z M
H I G N L E H K I I C E E T Q W
R P M R T Q M J J R T D L P W S
G M T T G J B L K I G R S R Q I
U R W X U U V U H R J U J A X Z
O J Z P L N P W L B Q L Z K J U
G E F A A C B A Y T V A P I A H
N V A Y O O S C S Y K G D W L W
X R D G B R E E D I N G S I T E
B G D G E G R E A T E G R E T W
O Z P P Q C M J U K F X K O B M
T K S P A R R O W R N O M P C Q
U I I H I X S T T L U L Y V L I
D B T E A B G B H V F J W J T P
```

Puzzle 27

```
H D Y F W U Y M S N E M Q A L D
H V H V H D S B A R T U M N R J
X V E S I L F L O I B G M I T S
X Z G W T T P X Q J A S B S W Y
M S G R E A T H O R N E D O W L
O H D P P J B D T I U L B D R Z
C Y U B E B C O H L F P U A B L
U C M D L X D C B W V V A C W C
W N P T I S A A L O U L W T I A
H V I H C W R R W U L O G Y V C
B W N B A X M E S G T I H L X K
F O G D N O F I B B U C N T T L
A D Y U G G M A G U R B H K A U
Q R U N P L U M A G E W T Q B C
W Q T T C L N M E B J P V X Y R
X L T G Q Q E O I Y N O N E Z C
```

Puzzle 28

```
K F N G Q F A R C T I C T E R N
H W S E J B K M Y R U T G R A I
S J N U Q O B I P G B R F A X D
Q C C Y X R U P E L Q Z D M Z G
Y H O U J E E F B Q I P G D N B
R I T Q R A O C X B U T A Z N N
U C B V W L C L T B W S U T F A
V K J D U A E K A R A P T D T T
Q A O G E E B W D H I P E C E N
Q D S G D N J F E A N C K N R K
U E G V Q X G K C A W U E Z N I
P E T D M P S H A O D N O S D N
F Q Z H Q U V B J I W T P G Y Q
F O K C E A Y A A M X N W H F
S D S P K U J Z D H G L H S Z L
I K J P E A J F S Z G W I Y O M
```

Puzzle 29

```
K B B M W E J P T V M W E S Y S
R J S N X U V Y Q A A Y A P J T
F J E P M Q C N E G R E T O Z M
L H M H Q J S B O A B L G O E U
W Q I S Q L N R W X L U V N V U
A A P B D D E O Y D E C I B E L
Z A R G I F S O U R D Y F I F C
G G E L C S T D J E M U W L O X
P Q C P A Y S A S H U S E L R K
G D O C I N U K T O R E A J D X
K N C N F T C Q J S R M P G E P
F J I I B F C M N Y E U O U W C
T A A J V Z E H T M L L Z E D K
V B L Y Z S S B E B E O H B K M
Z N W E C W S S R C T X I J Q Q
M R E F E F Q K L O Z C M Q U O
```

Puzzle 30

```
U V X Z M A C V F W T E E E C Q
E D O F Z N L C R Q T U G G O N
W A X W I N G N B A G O O P N J
R U P S E V N F L T W Z H U T Z
N L E D P R T L X C S D E C I T
P G C M O T E Y I I E O V Z N J
K R K A D T Z D F J U R M L E G
Z C E Y U R A X V R R L Q O N Q
Q L R C O M B Q A E Y I R D T A
E O S B O T O N D T R T J I A N
P H Z N G C N R M V G T K J L W
E L T O R N I T H O L O G Y S U
P O Y O O B I A W A J R G C H K
A F D J U B A G L G C A A D E O
N E F R S G U I Z D I L Z Z L Y
V C B L E N G B X C L Q D B F I
```

Puzzle
31

Puzzle
32

Puzzle 33

Puzzle 34

Puzzle 35

T I Y T U I J N M E A N C B T M
B X H T N G Z U I E L V Q M P O
R F T S C E H M M G I U E N Q X
Q D H H H H V X I K G T D I F R
I M R I G F T S C D H J Z P E O
Q Y U Z R T J W R S N I N M J F
U R S G Y Y Y I Y C W C U U Y W
M O H I P W B F R U I I T I R C
G H M H B E K E Y T R I E A Z Y
B K C M R P L O V E R I K D A S
C U S O C B M I T L D L R N R E
O E H R R C N P C L K I U R W D
X S T A Q X A W N A B M X T T A
I H W Y A L O J V T N Y Y L R Z
M U H Z W S S R A E O M V J D U
F Z R O T Y E C F W S B B V K V

Puzzle 36

C U P R M F V D U I Z R A H D G
E H H W C D Z L A U A N N Z Z R
N C Q S T D R A Z Z B S R N N Y
P M E I E U Q A F Y D V E R S F
H P V J R I E Y Q K U R C N H I
W B L H R X M V K D E B I Q E A
M W S X I Z A H O V T U S M X H
F J A R T Z R O O S T B B V N I
D E N N O G R L E W I U G G F E
H R B Y R B P N D N N Z R N E P
N A S P Y N I D V L G E Z H U R
S I S F E K N V L H Z L F R D T
N A N D U T Y R Y T B O Y I N U
Z O L Z N O R B A B I G Z K N P
J O I T D L R E O O S J V X U M
G W K K I M F A L C O N D X J D

Puzzle 37

```
O S J G C Y J K M R L F F C G I
M C G H F T Q R K S D Q V P R O
V A M O X T F E V N Z V R X O U
U P U S P P E R I B F I M O S Y
M U J D R C L F C D U W K R B F
W L I M X E F R H E B C H M E O
V O W W Q U A O T R U M P B A Q
X H M P P D C A H C L Z H V K A
D U W J N C B L Y Y L D P W H C
G M N K X U W Y O C F W M N R O
J E N X C J B B R O I T J F B D
N R L N C A T Y N T N B D G Y J
K A I C R G D W I R C J M M H Z
A L F O B N C Y S X H F J X M U
X J R S M N H L D N H J U Q M N
S R A E C A N J R N B I B E A F
```

Puzzle 38

```
W Z I J O R B I T A L R I N G C
R L V D V Q I G Z O S Y B U Y L
R V P K V E R O A H Y U J X H H
E N U C A U D A L T R A C T U X
D Y Q Z T T O N T R M P O D M E
E Y Z K C D F M R X B K M Y M N
O Y C E W I P M I S Z U P U I O
B X V D D Z A S C X I L X N P
F B K J Z K R H I U U P E H G S
M K F J S W A O A W O I T Y B E
E T P I C A D E L L G G E Y I E
U A S M A I I W I D R K M V R X
Y F Y E N P S F U M R Q O T D K
C D A D T D E B P U S I L I V D
I P A G T Y E A T V F T T Z G Z
U L V M N O N O B R Z O S W S E
```

```
L P R W P C T O Q N X I I J F Q
M C V V P B G C U Y U H R X I M
S Y Z S K Y W Z I H X C V Y J A
G P W N N I W J J P B R H M X S
F L Q J K M G N G W M H E D G W
K I N G F I S H E R O U A B B U
Z J B P I U W O F S W K F B W J
H Z P U J R I A H R W P F L G K
I F C N P A R T R I D G E U A Y
L V Q L M N H Z I U D L R E A A
D Q X Y H S W I O P E G B J S T
R I P A R I A N W O O D L A N D
N I A R C H A E O P T E R Y X M
M K S N O W G O O S E C L Q D F
K P P L X Z R V Q Y Q G N F S G
Y M Q M I F D W X D U V K A Z A
```



```
N R O N Y E E D O I E U Z X X A
E X L K B N C F J P F G J C C H
L H T Y D V D A U G E J Z T Z K
S Z H Z P X F V V F O W L A O I
E I Z X U M F X R E M I G E S I
R D Z W J U R E W M S D C M J E
M C R U R A L T R A C T G C C N
J G L S J U Q U U L T I J X U W
Q P E R E G R I N E F A L C O N
S O A K Q E V G C B A Y X L W U
D N R R K J S O N B G G K Q B S
Z W C N F V I Q T M X L G S M E
S D I F M A V X Y V R H R E R O
C L I O M D K I X V J F L S D F
F B U D G I E B R P K Z W Z J W
T P S C W I P D V Q F H F A T W
```

Puzzle 41

```
F L I G H T F E A T H E R S Y U
P L O D H Q H P K J L Q A A P A
Z B B K P C E N L J U R T Y L C
K F F W I X I U Z O L H C M D A
U E L F K M D Q N F N O H A C A
S X V O Q Y H A K U E D R H C L
Q H O X P E C K E R C E M V D U
P A N H A B I T U A T I O N Q L
F I N O E Y Y T R P Z S R J A A
W Q W D A R V N W T Z L A K J R
H X H W W N O S B O Y A N X G D
N B R M B B Z N I R G N T T V I
V G G Z K Z V I A I B D E N G G
W B Q H C C G N Y A Y R L U I I
O F S K Y L A R K L Q E Y T O T
O S Q O L C Q B W L O D X T V C
```

Puzzle 42

```
C C E L W J M R G B Y U G I X X
A L T E R N A T E P L U M A G E
S U X G P Z K B K K A C O X F X
I M W L C V U F A H W R L C G Y
I P H M U C K G F E H L T O N K
F C R C W B M J K U I B E N A P
H J W V C H Y P W B T Y Y G T B
B M C X F Z I N S Y E S D R C C
R I K T S S R S W C D X X E A E
Z A C X H I O I T A O P I G T M
H B P P Y R O D L L V W H A C C
L M F S C N K I F L E W B T H E
N O N N A T I V E S P E C I E S
B A E W N C U I R E Q C V O R P
K H U D T E N L Q U T M U N K D
J W Z C T D K G W S B W T V T C
```

Puzzle 43

```
N M S Y K F J N V N X P W O H Q
K L J Y X L I D P J R Z W T U W
K P E N N A C E O U S L S T M U
D I N O R N I S D H D Q O V S T
C T G T A K B P R U L Z Z K J X
I O G C L N G U B R M D E U V V
G E V H F N I G H T H A W K I I
N L V E I P K R Y U E D B Y L S
I C X D Y U A A S C U U B G Q C
F G R T K P G Y R Q X V B S V M
S I Q X P O R P L M T S Y M E M
B F O T K P Z A I T O O K T M S
U B L E V B E R G K U E W M S Y
R T O V X L T R L C C E O M T N
S E F E C W P O L Y A N D R Y X
J A O C L Z G T V K N W X W B Q
```

Puzzle 44

```
Q L I S A L R N M S C O B Y V W
O D E Q B T M H R B M M Y I S U
R O S E A T E S P O O N B I L L
D D Y A M C V G X F L S I R I L
Y W R N P D D Z D P Y I R U A E
D Q Q O L R Z M T U R P D V D X
T A I G I Z U F I C D I E V J J
I Y O B T L F E U E Z D R X R P
G R M Y U W R J X C E P K V J I
Z D L G D Y A V V T G D P R U G
M K U D E L Y V O I T U Z H T K
F J M Z X W O O D P E C K E R H
I X A T V E B R T A W K W T A B
V E Q E Y T Q R P P C K R K B S
O H A W A I I A N G O O S E V X
Y H T U M Q F M R X Y M Z Z G Y
```

Puzzle 45

```
J L W E L F K J E I L U L T H X
O X W F M C P T R T Q O R Y A R
G C B F N O A N R X G F A T S R
I I M Q N M A C A W S F Y S G G
F X L F S M V S G M M S F S D F
J P X G P U I A I X R H C M V G
I G Z D F N A C Y E A O V L W I
C H Z F Z A N N E G N R A E Y F
C C B P M L I D S E Y E R I N G
X J C K Q S L Z J L R U H I H C
U D K N H I V Y P O T U I K V Z
W B F E K N Y O B A T T F C M T
X L I Q U G S E M Z K D B S O U
U N S X O I Z M G L T X D H I U
O J P O R N I T H O L O G I S T
A X U J K G Q Z A Q F W O S Z N
```

Puzzle 46

```
A E I T N Y D H M U N A W S G X
B F S R D B S P R P M Q I A X D
T A Q E V J Y O V O M Y U Q R L
O S S I A U E V U F H O R E B H
V G P I Q T K R W W Z R X C Q D
Y Y Z D C X Y A Z C Z R A I L Y
V Y O U H P E K T H R O R P F A
X A W T V N L B A R N O W L L B
A L U L A R Q U I L L S D U H S
D C J R Q I R A M D J T V M G M
Q V C P T I G B S A G E D A V Z
L T R R Y B C A A C G R O G X Z
S F E R A W E E P J P E X E W K
S J S C L K D N K I J W D X D Q
R P T Y D H E G E J N P X W D W
C X N X D A A P Z Q X O E O C O
```

H L N S H X X E N Y W J P Q Z S
L W S T L I V F Q E Z X T M S C
W R M X X U A D M E K M I Y W B
S B M V R W T A E M D C L Q O H
M G X O I Z K S R M L B O C O F
W S B Y L S N Y G I Y I P O D J
A T M V E N T R A L T R A C T O
S U E G Q Y B I N U K D E N H V
Q L R N D P W N S L K I D B R M
P Q V I P C P X E X I N I I U Y
V R X S C A N A R Y T G C I S V
D S U N K U S R A C P K H C H R
W X X D W T L C C R S P T L S E
S T U V U S T A H Y F X D O Z Z
N A G H Y U A O R W P S A B B X
Q G Z W J W Q M I S Y D P Y Y Y

V H B O H M G P O B T J G D V E
I D G S D D H K Z S I Y P P L G
L O H R E Z E H X E B D V Y Z S
S D O R E R F S M Z I Y X P P A
Z K I J Q B L R X U O E J D N V
C B D R A V E S W K T Y O I E A
H S W E G Y D W Y A A H M Q R N
O Z T Z O N G L L Y R D P O W N
P L Q N A Q E U O Z S J G O L A
S S L F K T C A W C A Q R X K M
E B U N T I N G Y W L C W L C K
B R D G T S Q K W I J S M H L D
H A N E I D S X H N O Y S B D J
B P R A I R I E C H I C K E N T
S O G W J C A R D I N A L A P F
N U I E N J D P Z J T W Y J N H

Puzzle 49

```
D E M B E M A D S R M H W Q C X
V B P W R K D U W W J E Y D I I
Z J T S M D K I L Y F P M I N R
N R O W Y U C T A S F I D V F P
J E I M X J K R R H L T F N I A
O I S R G S Y L L A B L E O M U
L J F H Z R U Y B E Q S S P I R
G I Z B T E H X E C U R I I N I
N N K Q Z K D G Y O A X V D O C
F X R Q F I N C H O S Q C V R U
A P H A O I H D Y T N Z R H D L
S W Y L L E R K I B U M U P I A
J M W R W I W M Q E O O M H G R
B E A K B R E A S T Y F I R I S
K T C S M Q Y I Q C G G L M T F
S K O I J G Z X N S L C A I M S
```

Puzzle 50

```
T M N E T Q Q S Q F T Y T K B V
U W C Q L W N H C B V V S K T B
Q H Q D A O O G B X Z R O E A X
P C K S M Z R O Z Y S V M E F A
L K M J E X Y I D F G Z O O M I
Q D A Y R M E U K L E N L N J M
Y K V S I L I B R E A S T B F E
D L C U C Q D P K D E N W P U B
Q Y B J A B E P A G C T D A J O
V Y T B N H R Q T L N B X O N W
Z C F U R X J K J I M A G P I E
W N J J O N F K X N N A M A L R
J H L X B N I E W G M R T P S B
S W O S I K D D Z R F F W E M I
O F W W N T F A B M E R Q I G R
P F N X F X Q R R O S M K I A D
```